# HISTOIRE

DU

# CANTON DE RUGLES

*(De 1600 à la Révolution)*

PAR AD. DESLOGES

RUGLES

CH. PILLARD, LIBRAIRE

1892

# HISTOIRE

DU

# CANTON DE RUGLES

---

# HISTOIRE

DU

# CANTON DE RUGLES

*(De 1600 à la Révolution)*

PAR AD. DESLOGES

RUGLES

CH. PILLARD, LIBRAIRE

1892

# INTRODUCTION

Depuis plusieurs années déjà, l'auteur a consacré ses moments de loisir à rassembler les matériaux propres à la construction de cet ouvrage.

En les publiant aujourd'hui, il n'entend point produire une œuvre littéraire et encore moins, s'il est possible, une œuvre politique, mais faire connaître le but qu'il se propose d'atteindre : c'est-à-dire reconstituer et faire revivre, selon les documents qu'il a pu consulter, et la physionomie du canton de Rugles à travers les temps jusqu'à nos jours, et le genre d'existence des générations qui nous ont précédés.

Selon l'accueil qui sera fait à cette partie de son travail, — où il est traité de l'histoire locale depuis l'an 1600 jusqu'à la Révolution et notamment de l'industrie des forgerons, — l'auteur se réserve de faire paraître bientôt les parties qui précèdent.

Le manuscrit en est à peu près terminé. Il comporte : *Rugles à l'époque gallo-romaine ; Le fief de l'Ecureuil ; Origine des villages ; Christianisme et Eglise Notre-Dame ; Paroisse et Tour Saint-Germain; Le Château-fort ; Fossé-Robillard et Rue du Cauche ; La Garenne et le Colombier ; Premiers seigneurs ; Reddition de la place ; Invasion anglaise ; Usages et Coutumes au XV$^{e}$ siècle ; Suite des seigneurs ; Démolition du Château-fort et de la Grosse-Tour ; Guerre de la Ligue.*

Ce travail serait complété par les sujets suivants pour lesquels un certain nombre de documents sont déjà rassemblés : *Aperçu des croyances populaires à notre époque ; Les Epingles et la Journée du* 27 *décembre* 1831 ou *La Révolution de Rugles ; Les Chauffeurs de pieds du canton*, dont on possède l'acte d'accusation et le jugement. Enfin la *Période révolutionnaire* fournirait un vaste champ à cette étude, laquelle serait terminée par une notice particulière sur chaque commune.

Dans cette pensée, l'auteur souhaiterait provoquer chez ceux de ses concitoyens qu'intéresserait son entreprise les renseignements qu'ils voudraient bien lui communiquer.

L'époque révolutionnaire n'est pas si éloignée : c'est en cherchant, c'est en fouillant, c'est en faisant appel à la mémoire des vieillards, chez qui s'est conservé le souvenir des faits souvent intéressants qu'ils ont eux-mêmes vus se produire ou entendu raconter, que l'on arriverait à édifier, sur des bases sérieuses et saines, l'*Histoire du canton de Rugles*.

Rugles, le 4 mars 1892.

# CHAPITRE PREMIER

LES DERNIERS SEIGNEURS

L'INDUSTRIE DES FORGERONS — FONDATION DES USINES

LE FOURNEAU, LA FENDERIE ET LA FORGE

LE MOULIN A PAPIER

Une charte de l'an 1607, de Robert de la Vieuville, baron de Rugles, porte que ce seigneur a « droit de halle deux jours par semaine, les lundi (1) et vendredi ; deux foires, les jours de Saint-Barthélemy et Sainte-Catherine, auquel jour Sainte-Catherine, les boulangers, tanneurs, cordonniers, bouchers et même les ouvrants au métier de forges, sont tenus de comparaître devant son sénéchal et d'élire un maître en chacun des dits métiers pour faire un règlement de la police de leurs métiers. »

L'on peut ainsi se faire une idée de l'administration de la ville de Rugles il y a trois siècles. En haut, repré-

(1) C'est probablement de la halle de Lyre qu'il s'agit.

sentant le roi, le seigneur du fief, habitant rarement le domaine, et passant plutôt sa vie dans le milieu brillant et corrompu des cours; puis, le sénéchal, personnage très-important, officier, chef de la justice qu'il rendait au nom de son maître, le seigneur du lieu, et dont le siége de la juridiction ou sénéchaussée était à la Neuve-Lyre; après le sénéchal venaient les corps de métiers ou corporations; en vertu du droit de bourgeoisie, celles-ci pouvaient choisir les plus dignes d'entre leurs membres pour les représenter, défendre leurs intérêts et faire, ainsi qu'on l'a vu plus haut, le règlement de la police de leurs métiers (1).

C'était parmi ces derniers qu'étaient choisis les échevins ou syndics chargés de l'administration de la ville. En 1722, Jean Jourdain était syndic du bourg; en 1788, Nicolas-François-Victor Chévrier, négociant, et alors seigneur de l'Écureuil, remplissait cette fonction.

Charles Ier, duc de la Vieuville, baron de Rugles, grand fauconnier de France, cité par Alexandre Dumas dans ses *Mousquetaires*, était fils de Robert, auquel il avait succédé; il mourut probablement sans enfants.

(1) Tout dernièrement, à l'occasion de cette même foire Sainte-Catherine, les boulangers, cordonniers, bouchers et ouvrants en tous autres métiers, ont été invités, *non pas à choisir les plus dignes d'entre eux pour les représenter*, mais à fournir l'argent nécessaire à la réorganisation de cette foire. Il y a trois siècles, nos ancêtres devaient exprimer leurs préférences, aujourd'hui nous n'avons qu'à payer, c'est plus simple.

C'est alors que le domaine de Rugles passa, on ne sait par quel moyen, dans la famille Duplessis-Chatillon. Renée-Diane de Poysieu, fille et héritière de feu Michel de Poysieu et de Catherine d'O, épousa, le 25 juillet 1594, René Duplessis-Chatillon, et, le 12 juin 1613, ce seigneur rendait aveu de la terre de Rugles. Il eut huit fils, dont un seul survécut, André, marquis Duplessis-Chatillon et vicomte de Rugles, jusqu'en 1668. Pierre, second fils d'André fut seigneur de Rugles jusqu'en l'an 1705, puis César-Antoine, fils de Pierre, jusqu'en 1713, et enfin César-Antoine, fils du précédent, jusqu'en 1764. Ce dernier, avant de mourir, avait légué tous ses biens à sa cousine, Marie-Félicité Duplessis-Chatillon, dernier rejeton de la branche aînée de cette famille ; elle était mariée avec Charles Bernard, comte de Narbonne-Pelet : elle fut le dernier seigneur de Rugles (1).

***

Il faut croire que, pendant les deux siècles qu'ils exercèrent leur suzeraineté sur le fief de Rugles, les représentants de la famille Duplessis-Chatillon usèrent avec modération de leurs priviléges seigneuriaux, du

(1) Nous avons vu aux archives de Rugles, à la date du 28 thermidor an II (6 juillet 1793), que Mme de Narbonne avait été condamnée par le tribunal révolutionnaire ; nous croyons cependant qu'elle n'a pas été exécutée.

moins à l'encontre de certains seigneurs du voisinage, dont la légende a flétri la mémoire : « le marquis de Rebais, entre autres, aux Bottereaux, qui, en rentrant de la chasse, et pour se faire la main, aurait tué d'un coup de fusil un malheureux couvreur occupé sur son manoir. » Aucune histoire de ce genre n'est venue ternir la renommée de cette famille ; nous lui devons, au contraire, diverses fondations qui ont contribué au développement de la fortune industrielle de notre pays et qui s'inspiraient des sentiments humanitaires auxquels il nous plaît de rendre hommage.

On sait que l'on doit attribuer à saint Louis la création des maîtrises. Avant de s'embarquer pour la dernière croisade, où il trouva la mort, et touché de la détresse profonde où se trouvaient ses chevaliers, par suite des sacrifices qu'ils s'étaient imposés pour la conquête de la terre sainte, ce prince donna des lettres-patentes, par lesquelles, sans déroger de noblesse, les gentilshommes auraient la faculté d'exercer les métiers de maîtres verriers et de maîtres de forges.

Pendant les quatre siècles qui suivirent, et en vertu de ce droit de maîtrise, les seigneurs de Rugles se bornèrent à percevoir le cens sur les tenants au métier de forge relevant de leurs seigneuries, lequel, ainsi qu'on l'a vu par la charte de 1455, s'élevait par chacun an et par chacune forge grosse à vingt-huit deniers tournois, payables au terme de Saint-Rémi ; plus tard, le cens fut payé en nature. Dans sa charte de 1607, après avoir constaté son droit de maîtrise, Robert de la Vieuville dit « m'est dû par chaque forge ouvrant en ladite bourgeoisie, un fer d'éperon, estriers et mors de bride. »

Les hauts-fourneaux ne furent connus partout que vers la fin du XVIe siècle (1), et ce fut seulement vers le milieu du XVIIe, en 1644, que le marquis André Duplessis-Chatillon, seigneur de Rugles, Bailly, l'Écureuil, etc., jeta les bases de la grosse forge de Rugles sur l'emplacement des moulins en ruine relevant de son fief du Bailly, et, par voie de conséquence, celles du Fourneau et de la Fenderie (2).

Grâce à ces fondations, l'industrie du fer se maintint pendant deux siècles encore dans la région; cependant, l'apparition de cette grosse forge et de son haut-fourneau, dont la puissance de production allait absorber et concentrer dans les mains du seigneur le travail séculaire de centaines de chefs d'atelier, allait révolutionner de fond en comble l'existence de nos ancêtres.

Sans doute, pendant quelque temps encore, les feux joyeux du petit fourneau et de la forge à bras, instruments primitifs des premiers ferrons, continuèrent à

(1) Vaugeois, *Histoire de Laigle.*

(2) En 1664, le maître de forge de Rugles se nommait maître François Le Roy; le 10 septembre, sa femme, damoiselle Anne Girard, fut marraine, à Ambenay, de Jean de Beaudot.

donner la vie et l'animation dans les paroisses où ceux-ci étaient installés ; mais ils ne purent longtemps se maintenir et devinrent bientôt sans utilité et sans valeur. Ainsi dépouillés de leur gagne-pain, les malheureux ferrons qui, comme le charbonnier — avec lequel, du reste, ils avaient beaucoup de rapports — étaient maîtres dans leur atelier, se virent contraints de l'abandonner et d'apporter au service d'un seul les énergiques efforts de leur dur labeur.

Il est bien évident, toutefois, que la substitution des forces hydrauliques au travail à bras réalisait un immense progrès dans les procédés de fabrication du fer; il est bien évident aussi que, semblables aux cloutiers et aux épingliers, dont nous avons vu l'industrie subitement anéantie, les premiers ferrons éprouvèrent simplement, en cette circonstance, les effets de la loi naturelle du progrès dans ses légitimes évolutions. Mais, hélas ! le progrès, dont le merveilleux flambeau guide sans cesse le génie humain vers les horizons nouveaux, le progrès, dont nous ne cessons d'admirer les sublimes manifestations, devra-t-il toujours, semblable à ce dieu qui, nous dit la fable, dévorait ses propres enfants, affirmer ses nouvelles conquêtes par l'hécatombe de toute une génération ?

Quel tribut de reconnaissance ne devrait-on pas à celui qui, tout en consacrant le génie inventif de l'homme de science, saurait, par une équitable législation, concilier les intérêts du malheureux dont la nouvelle découverte, la nouvelle invention, va provoquer la ruine !

*
* *

L'emplacement de nos anciennes forges à bras se retrouve encore dans les environs : à Juignettes, dans le bois des Gatines; à l'Oraille, sur les bords de l'ancien grand chemin de Verneuil; à Rugles, à l'extrémité des Petits-Prés; à Neaufles, il y a l'Acre-de-Fer et le Pré-de-la-Forge; nous avons la commune de *Marnefer;* enfin, notre rue des Forges, où, selon une légende, il y aurait eu quatre-vingt-dix-neuf forges d'installées, atteste encore l'importance de cette fabrication.

Le petit fourneau des premiers ferrons consistait en une construction d'environ trois à quatre pieds de haut sur quatre à cinq de chaque côté; au milieu du foyer de cette espèce de cheminée était creusé un bassin destiné à recevoir la fonte en ébullition, ou bien encore ce bassin était creusé en contre-bas et recevait la fonte au moyen d'un conduit correspondant au petit fourneau.

Quand on voulait opérer, on commençait par échauffer le fourneau avec des charbons ardents; puis, on jetait peu à peu sur ces charbons de la mine lavée et pilée à laquelle on joignait un peu de chaux ou de marne; quand le sommet du tas atteignait celui du mur, l'on faisait agir les soufflets et l'on continuait à porter au fourneau des charges alternatives de mine, de charbon et de chaux, jusqu'à ce qu'on jugeât qu'il y avait dans le bassin assez de mine fondue pour former une masse d'environ trente à quarante livres.

Le fondeur, alors, ouvrait un conduit pour laisser échapper les scories qui s'étaient amassées au-dessus de la fonte; quand elles étaient tout-à-fait écoulées, le travail du fourneau était suspendu, il fallait attendre que la masse fût figée et un peu refroidie.

On arrachait alors cette masse du bassin, on la jetait par terre et, après l'avoir cinglée avec de petits maillets dont le manche avait cinq à six pieds de long, on la soumettait au tranchant d'un instrument qui la coupait en autant de parties que sa grosseur l'exigeait; on portait ensuite ces morceaux dans un autre feu, puis on les battait sur l'enclume, où ils recevaient la forme de socs de charrue, de carrés, de barres de différentes grosseurs et de bandages de roues, lesquels n'étaient pas tout d'une pièce comme de nos jours, mais en sept ou huit bandes, ainsi que nous en avons encore vu.

***

Alors que, dans les forges à bras, le même ouvrier dirigeait toutes les opérations, il fallait, dans les hauts-fourneaux, un maître fondeur et, dans les forges, un affineur, un chauffeur et un marteleur.

La fabrication du fer était regardée comme si importante, que partout on avait établi des tribunaux spéciaux pour juger tout ce qui pourrait la concerner; ils étaient connus sous le nom de *Maîtrises des Ferrons*. Une de ces maîtrises était établie à Glos-la-Ferrière pour le comté de Breteuil (1).

« Le maître de forge était, comme les ouvriers, justiciable du *maître* ou du juge des ferrons, et celui-ci, qui n'était qu'un maître ouvrier, puisqu'il devait toujours être choisi parmi *les maîtres en l'art et métier des ferrons et des tireurs de fil*, qualifiait le maître de forge de *Notre Cousin*. » (Vaugeois.)

Ainsi, c'était le marquis, seigneur de Rugles, que le *maître ferron*, ouvrier comme ses camarades, qualifiait familièrement de *Notre Cousin!* C'était le seigneur, maître de la grosse forge, qui se soumettait à la sentence rendue par le chef de ses ouvriers dans les différends qu'il pouvait avoir avec ces derniers! Nous sommes obligé de reconnaître qu'à la confiance et l'estime mutuelles entre maîtres et ouvriers que révèle cette institution, estime et

(1) En 1266, à Breteuil, à l'échiquier de la Chandeleur, les ferrons de Glos-la-Ferrière firent condamner Pierre de Verberie, adjudicataire d'une coupe de bois dans la forêt de Breteuil, pour le dommage que de ce chef il leur avait causé. *(Dictionnaire historique de l'Eure.)*

confiance qui s'inspiraient de sentiments de dignité respective et d'une observance rigoureuse des droits et priviléges de chacun, a succédé, avec la soif de l'or, le régime de l'égoïsme et du bon plaisir.

*
* *

Les forgerons se qualifiaient entre eux de *Cousins du Foisil.* Ils pratiquaient la confraternité, et l'hospitalité qu'ils exerçaient envers les étrangers était considérée comme un devoir que chacun d'eux tenait à remplir : quand un compagnon forgeron se présentait dans une forge et qu'il s'annonçait comme *cousin*, on l'invitait à forger une barre qu'on lui faisait porter sous le marteau; s'il sortait avantageusement de cette épreuve, on l'hébergeait pendant trois jours, et s'il n'était embauché, on lui fournissait les moyens de gagner une autre forge.

Selon l'usage observé pendant tout le moyen-âge, où les membres de chaque corps de métier formaient entre eux des associations qui, sous le nom générique de *Corporations*, avaient leurs statuts, leurs règlements et leurs fêtes, celle des forgerons, placée sous le patronage de saint Eloi, était une des plus importantes.

Chaque année, vers la fin du mois de juin, la fournaise et les lourds marteaux faisaient relâche; aux barres incandescentes, qui se reflétaient sur les mâles visages des forgerons, succédait toute une décoration de feuillage et de verdure. La forge était en fête : c'était la Saint-Eloi.

Dans tous les villages aux environs, ainsi qu'à la ville, on pouvait voir les heureux invités endosser l'habit du dimanche, et, accompagnés de leur famille également endimanchée, prendre le chemin de la forge. Aussitôt réunis, l'on se formait en cortége pour se rendre à la paroisse voisine entendre la messe (Saint-Germain pour la forge de Rugles). En tête marchaient les violons, puis venait le roi de la fête portant, en guise de bannière ou drapeau, le bâton de saint Eloi (longue perche surmontée d'une espèce de niche enguirlandée de rubans et de verdure, au centre de laquelle une petite statuette figurait l'emblême du saint patron) ; puis, porté à deux sur une civière, un énorme pain bénit décoré de pousses d'asperges garnies de fleurs et de rubans; ensuite s'avançaient le maître de forges et le régisseur avec leurs femmes et leurs invités; puis c'étaient le maître ferron, le marteleur, l'affineur, également accompagnés de leurs femmes et de leurs invités respectifs, et ainsi de suite selon le poste que chacun occupait à l'atelier.

Et bientôt, dans ce long défilé, ce n'étaient que joyeux propos échangés, frais éclats de rire échappés à de jeunes et jolies lèvres, lesquels allaient bien vite se confondre dans l'*Hymne des Forgerons* qu'entonnaient cent robustes poitrines et que répétait au loin l'écho de la vallée :

C'est aujourd'hui la Saint-Eloi !
Suivons tous la vieille loi ;
Allons au bourg promptement :
Monsieur le curé nous attend.
La messe, il faut écouter,
La messe, il faut écouter
Celui qui va la chanter.

Une place était réservée dans le chœur pour les forgerons.

La cérémonie religieuse terminée, et accompagnés de M. le curé, ils reprenaient le chemin de la forge où, dès la veille, le maître charpentier avait dressé les tables du banquet. Vers trois heures, le prêtre donnait le signal du départ et, gaiement, tous retournaient à la paroisse pour assister aux vêpres et présider à l'échange du bâton de saint Eloi. Après les vêpres, les danses commençaient; et bientôt, sous les yeux du prêtre qui, dans ce temps, admettait les plaisirs du peuple, aux regards des vieux parents à qui ils rappelaient le jeune âge, un essaim de jeunes filles et de jeunes garçons de tout rang et de toute condition, auquel s'associaient les vieux encore ingambes, tourbillonnait aux accords des modestes violons et s'en donnait à cœur joie.

Et le soir, tous, joyeux et animés du plaisir de la danse, ils s'attablaient et buvaient au maître de forges, dont le privilége annuel consistait à verser vingt-quatre livres pour la Saint-Eloi; l'on buvait au régisseur, à son commis, au marteleur, au chauffeur, aux petits valets, à l'affineur, aux dames, aux demoiselles, aux invités, à Pierre, à Paul, aux nouveaux mariages dont ces fêtes favorisaient la combinaison, et les chansons allaient leur train.

Une simplicité naïve, un abandon gracieux et familial, présidaient à ces repas monstres et mettaient la joie au cœur des deux à trois cents convives qui y figuraient, car il faut dire que les maréchaux, les cloutiers, les ferronniers et tous les ouvriers travaillant le fer, célébraient alors la Saint-Eloi.

Nous avons tenu à retracer ici, sous son véritable aspect, une des plus belles fêtes du temps passé. Les forgerons y pensaient trois mois à l'avance et son souvenir fait encore le charme des vieux jours des quelques rares survivants que nous avons pu consulter.

Où sont les fêtes de cette nature dont les ouvriers du jour, dans leur vieillesse, pourront évoquer les souvenirs?

A celui qui travaille il faut des jours de repos et de plaisir ; et, à part les superstitions, habituel cortége des anciennes corporations, nous reconnaissons volontiers que celles-ci avaient leur bon côté.

*
* *

Les bois et charbons employés par la grosse forge et le haut-fourneau de Rugles provenaient des forêts de Conches, Breteuil, Saint-Evroult et la Ferté. De nombreuses équipes d'ouvriers extrayaient les minerais dans les environs, où ils se trouvent en abondance. Les fondrières que l'on rencontre à chaque pas dans nos bois et nos sapaies, depuis Chevaline, Saint-Pierre, les Gatines, les Bottereaux et les Boulais, restent un témoignage de l'importance de leurs travaux.

Les voies de communication n'existant pas, notamment dans les forêts, tous les transports se faisaient à dos de cheval ; ceux-ci, ordinairement petits et de peu de valeur, vivaient, en tous temps et au nombre de trois à quatre cents, dans chaque forêt ; ils étaient connus sous le nom de *chevaux de sac* ou *hurtus.* Ils marchaient par bandes de quinze ou vingt sous la surveillance d'un conducteur, lequel, ainsi que ses bêtes, vivait en toute saison dans la forêt.

D'un aspect sauvage et agréable à la fois, le défilé de ces petits chevaux a procuré à l'auteur quelques bons moments, alors que, confondu avec ses camarades d'école, il les accueillait aux cris, fort humiliants sans doute pour leur dignité de cheval, de *v'là l's hurtus! v'là l's hurtus! v'là l's hurtus!* accompagnés, hélas! d'une grêle de pierres allant impitoyablement s'abattre au milieu de la troupe affolée de ces pauvres bêtes.

Leur conducteur, espèce de vieux sylvain des forêts,

trônait majestueusement, assis sur le bât en bois de l'un de ses favoris, et, avec une omnipotence que nul ne contestait, il régnait en maître absolu dans le rayon que pouvait décrire la lanière de son énorme fouet.

Ce n'est pas, cependant, que cet instrument lui fût d'une grande utilité pour conduire sa cavalerie; lorsqu'ils étaient chargés, les *hurtus* marchaient toujours à la file indienne et n'offraient d'apparent que la tête ou la croupe ; c'était donc au moyen d'une pierre, moyen tout primitif, on le reconnaîtra, lancée avec une dextérité sans égale et qui manquait rarement son but, c'est-à-dire la croupe du récalcitrant, que le conducteur appuyait ses ses ordres et se faisait obéir.

Il n'y a pas bien longtemps encore, poussé par la misère qui accueillait son grand âge, l'un de ces derniers vint demander l'aumône à l'auteur; avec son obole et tout ému des souvenirs que sa présence ravivait, celui-ci serra affectueusement la main de ce vieux travailleur, saluant en sa personne l'un des survivants de cette phalange d'hommes énergiques et robustes qui, pendant des siècles, ont été les hôtes de nos forêts.

L'anecdote suivante, arrivée à ce dernier, démontrera jusqu'à quel point les animaux vivant à l'état sauvage s'identifient avec l'homme qui partage leur dure destinée.

En 1872, il fut prié de conduire à Bernay, pour une cavalcade, ses douze ou quinze chevaux; à son arrivée, organisateurs et cavaliers choisirent leur monture, et firent donner au conducteur les soins qu'il méritait.

Peu habitué à pareilles sollicitudes, celui-ci se trouva légèrement ému; malgré cela, comme il tenait à jouir du spectacle qui lui était offert, il alla se poster sur le passage du défilé; mais, hélas! à la vue de ses petits chevaux si richement harnachés, il ne put surmonter son émotion ni résister au désir de leur adresser son compliment.

Oubliant alors le lieu et la circonstance, et de sa forte voix dominant le bruit de la foule, il fait entendre, comme au sein de la forêt, ce roulement de sons gutturaux et sauvages particuliers aux gens de son métier; puis, compris seulement de ses petits chevaux, il les appelle chacun par leur nom; aussitôt, et aux applaudissements de la foule, ceux-ci s'arrêtent net, rompent le défilé, désarçonnent les cavaliers qui leur résistent et vont se grouper en bande aux côtés de leur conducteur. Triomphant, ce dernier n'avait plus qu'à donner le signal du départ, et il eût infailliblement enlevé au fond des bois, avec sa cavalerie richement caparaçonnée, les quelques cavaliers tenant encore l'étrier.

*
* *

Les petits fourneaux ayant cessé de fonctionner, les minerais furent transportés au fourneau où ils étaient mis en fusion; la fonte qu'on en retirait était grossièrement coulée dans le sable, sous forme de bandes ou lingots d'un poids variable de quatre à six cents kilos.

Ces blocs étaient appelés *gueuses;* celles-ci étaient transportées à la forge pour y être affinées. L'on ne présentait alors à la fournaise que l'extrémité de la gueuse; la matière en fusion était recueillie dans un creuset où elle formait une masse ayant la forme d'une lentille ou *loupe* du poids de soixante-dix à quatre-vingts kilos; on fouettait cette loupe avec des marteaux à bras, on lui donnait une forme carrée, et, quand cette masse était solidifiée, on la façonnait sous de gros marteaux mus par l'eau, pesant environ de quatre à cinq cents kilos.

Les fers ainsi martelés étaient, pour partie, transformés en objets propres à l'agriculture, tels que : essieux, bandages de roues, socs de charrue, etc.; l'autre partie, façonnée en barres, était transportée avec une barque à la fenderie où ces barres étaient fendues au moyen de deux arbres ou axes mus par l'eau, sur lesquels on adaptait à distance facultative, selon l'échantillon de fer que l'on désirait obtenir, des rondelles acérées formant cisailles : les fers ainsi obtenus étaient livrés au commerce local pour être convertis en objets de quincaillerie et en clous forgés à chaud.

Vers 1738, le comte de Rugles fit élever le corps d'habitation de la Forge.

Pendant la Révolution, cette usine, ainsi que le fourneau, fut réquisitionné pour le service de l'artillerie.

Le 8 frimaire an II, Gorgien de Girancourt, qui administrait la forge au nom d'une société, déclara aux commissaires pour la guerre que, sauf accident et marchant sans interruption, le Fourneau pouvait fondre en gueuses de cent cinquante à deux cent mille livres de fer de plus qu'il ne fallait à la Forge et que celle-ci pourrait produire au maximum six cent mille livres de fer par an; Gorgien déclarait, en outre, qu'il disposait de quatre mille livres de fer dont sept à huit cents pour piques : à ce moment les régisseurs de la Forge étaient Pierre-Paul et René Pillet; celui du Fourneau se nommait Adrien Bigot.

Le 2 ventôse an II (21 février 1793), la Forge faisait livraison au citoyen Clicquot, inspecteur des charrois militaires, de deux cent cinquante essieux payés à raison de trente sous de façon la pièce. Le 25, un citoyen Goujon s'engageait à fournir deux mille quatre cents grenadières et autant de capucines. Alexandre Thorel, maréchal, s'engageait à livrer dix essieux par décade, à raison de neuf livres pièce. Le 30, dix-sept ouvriers de la Forge étaient réquisitionnés par ordre du citoyen Didier, représentant du peuple, accompagné du citoyen Lefèvre, membre du Comité de salut public. Enfin, le 4 floréal de la même année, le Fourneau passait livraison de huit mille trois cent dix boulets, pesant ensemble cent cinq mille trois cent douze livres, dont deux cent dix-huit refusés comme défectueux.

Le comte de Narbonne ayant émigré pendant la Révolution, le domaine de Rugles fut confisqué au profit de la Nation et aliéné comme bien national. Il comprenait alors le château, des jardins, sept vergées de pré, la ferme de la Cocardière, deux fours banaux, la halle, deux moulins à blé, quelques parties de pré, les usines de la Forge, de la Fenderie et du Fourneau, environ soixante-huit acres de bois (les Boulais) et quarante acres de pré, plus un moulin à papier, paroisse d'Herponcey (1). A l'exception de la halle, qui le 24 novembre 1792 avait été vendue à la commune par M^me^ de Narbonne moyennant 1,800 livres, ce domaine fut acquis, en même temps que ceux de Chevaline et du Bois-Berthe, par un nommé Saillard, alors receveur des finances à Versailles.

Cet acquéreur devait descendre d'une ancienne famille notable des environs; il aurait eu pour aïeul Alexandre Saillard d'Ambenay, officier de Son Altesse Royale Madame, en 1712; il fut créé baron sous l'Empire.

*
* *

Le baron Saillard fit exploiter, pour son compte, les usines du domaine de Rugles jusque vers 1815. Le Fourneau fut alors acquis par M. Boucher, de Chandai, dans l'intention d'y tréfiler des fils de laiton; il le céda quelque temps après à Adrien Bigot, sous condition qu'il n'y serait point fabriqué de cuivre pendant trente ans. Ce der-

(1) En 1308, les terres du domaine de Rugles étaient tenues à fief ferme par Jean de Baalli pour 65 sous tournois.

nier y fabriqua du clou à la main et plus tard il y fit monter des métiers; il y acquit une brillante fortune. Après lui, et d'une manière un peu précipitée, le Fourneau passa successivement aux mains de divers industriels, dont un y fabriqua, pendant quelques années seulement, des fils conducteurs pour la transmission de l'électricité; il vient d'être cédé, par Mme veuve Georges Cauchin, à M. Ch. Bremontier, qui aurait l'intention d'y fabriquer les dés à coudre.

La rue du Fourneau, la rue des Forges, l'usine du Fourneau restent les seuls monuments qui rappellent à notre génération l'antique industrie des ancêtres. A ce titre peut-être leurs noms devraient-ils bien être respectés (1).

La Fenderie fut exploitée par un M. de Montagnac qui y produisit de la chaîne pour la marine. Elle passa aux mains de Denis Lemarechal, le conventionnel, dont nous aurons à parler par la suite, lequel y fit fabriquer du clou à la main. Pendant longtemps, la maison D. Lemarechal fut représentée par les gendres de ce dernier, MM. Collas et de Courval; ceux-ci transformèrent le moulin du Château, qui jusque-là avait gardé sa destination primitive de moulin à farine, ainsi que la Fenderie, en une laminerie et une tréfilerie de laiton. Ils eurent pour successeurs

(1) La municipalité vient de tenter de modifier le nom de la rue du Fourneau : la fantaisie de nos administrateurs justifie seule cette mesure.

leurs fils, MM. Léon Collas de Gournay et Adrien de Courval; mais, en 1879, ceux-ci, ayant renoncé à l'industrie de leurs pères, aliénèrent la Fenderie au profit de M. E. Hemerdinger (1).

***

Le moulin à draps, mentionné dans les chartes de 1342 et 1455, était en 1607 converti en une fabrique de papier, d'où il a pris le nom de Moulin-à-Papier, et exploité par les héritiers de maître Estienne Le Forestier (2).

Il est très-probable que c'est à la famille Le Forestier que nous devons l'importation de cette industrie; après trois siècles d'existence, celle-ci est venue finir au Moulin-de-Rattier, vers 1830, et au Moulin-à-Papier, en 1834, entre les mains de MM. Gustave Perrault et Nicolas Pipon, les derniers fabricants (3).

(1) Environ à $1^{m}50$ du sol, le moulin à farine était entouré d'un cordon de pierres de taille garnies d'inscriptions; du moins sur la partie qui a été respectée, nous avons pu relever celles qui suivent, ainsi qu'une date fruste que nous croyons être 1532 : QVAND DIEV METTRA CES LITE EN BAS CHERRA MOVLIN RVGLOIS TON BEAV CHASTEAV NE DOIST MANQVER DE BLED NI DEAV.

(2) En 1590 Estienne Le Forestier était verdier et châtelain de Breteuil; sa fille, Marie, épousa Cyprien Baudot, seigneur d'Ambenay.

(3) Le 30 pluviôse an II, J. B. Pottier, compagnon papetier, déposa sur le bureau de la Société populaire de Rugles ou Club des Jacobins, la somme de 3 livres comme offrande civique à la Patrie.

La généalogie des Le Forestier est la plus ancienne que l'on connaisse dans les environs : elle remonte à cinq siècles. Depuis 1387, et notamment 1401, où le roi Charles VI octroya des lettres-patentes à Robert Le Forestier pour lui faire hommage de sa terre de la Foresterie, cette famille n'a pas cessé d'être représentée, à Rugles, par quelques-uns de ses membres; ceux-ci portaient le nom des terres et fiefs qui constituaient leurs domaines : Sainte-Opportune, la Maison-Blanche, le Boulay, le Bois-Saptel, la Poterie, les Trées, les Landes, etc. Beaucoup de nos concitoyens se souviennent encore du sieur du Saptel, commissaire de police de Rugles, et son arrière-petite-fille, M^lle Berthe Leclerc du Saptel, en a été, à Rugles, le dernier rejeton.

Les Le Forestier servirent, pour la plupart, dans les armées du roi en qualité de soldats, cavaliers, cornettes et lieutenants de cavalerie; l'un des fils d'Etienne, cité plus haut, Paul Le Forestier, fut tué à la bataille d'Arques, aux côtés de Henri IV en 1589 (1). Son fils, aussi nommé Paul, après avoir abandonné ses biens et sa famille pour le service du roi, aussitôt qu'il fut en âge de porter les armes, assista à plusieurs siéges et batailles, et eut le bras fracassé d'un coup de mousquet au siége d'Aire : blessure qui entraîna la mort (2). Enfin, deux des fils de

(1) Attesté le 4 avril 1594 devant le tabellion de la Barre, par le sieur du Bois-Barils, capitaine de cinquante hommes d'armes.

(2) Attesté le 25 juillet 1641 par Philippe Clouet, jésuite du Grand-Hôpital de l'armée.

ce dernier, dont nous ne connaissons pas les noms, auraient été tués aux armées, l'un au siége de Girone, en Catalogne, en qualité de lieutenant de cavalerie dans le régiment de Lisbonne, l'autre servant de cornette dans le même régiment.

Nous leur devions bien cette mention.

En même temps que la Fenderie, D. Lemarechal acheta du baron Saillard le Moulin-à-Papier ; mais il ne put en jouir de suite et fut obligé d'attendre l'expiration du bail de Nicolas Pipon, arrivée seulement en 1834. Il le convertit alors en une fabrique à cuivre qui, après avoir passé par les mêmes mains que la Fenderie, fut, comme cette dernière en 1879, acquise par M. E. Hemerdinger.

Du *Moulin-à-Papier* et de *la Fenderie* sont partis, pour les expositions de Paris 1878 et 1889, d'Amsterdam 1882, de Rouen 1884, les planches laminées, barres, fils rosette et de laiton, et *fils carcasse*, dont la belle fabrication, avec celle des produits similaires des usines de *Rattier* et de *Chagny*, soutenait hautement la vieille renommée de nos industries et fait le plus grand honneur à l'habileté de nos ouvriers, toujours *maîtres en l'art des tireurs de fil.*

Enfin, vers 1818, la Forge de Rugles fut acquise par le comte Roy et Martin Duval. Ceux-ci en transformèrent tout l'outillage : en 1836, ils y firent monter un train de laminoirs et ne fabriquèrent plus que des fers pour la tréfilerie.

Les régisseurs de la Forge qui se sont succédé depuis René Pillet ont été MM. Bigot père et fils, Léonard Duval, Petit, Vallet et enfin le dernier, M. Chevalier, à la bienveillance duquel nous avons dû de précieux renseignements.

L'année 1830 a marqué l'apogée des forges de la région. Jusque-là, en effet, l'industrie des fers n'avait point eu à compter avec la concurrence étrangère, laquelle était à peu près nulle par suite du mauvais état des chemins qui rendait les transports impossibles (1); mais l'établissement des grandes voies de communication qui eut lieu vers cette époque : routes nationales et départementales de Laigle à Conches, de Rugles à Breteuil, Glos, la Barre, en 1829 et 1830, porta une grave atteinte à la fabrication locale; celui des chemins de fer : lignes de Paris à Cherbourg en 1855, de Laigle à Conches en 1866, ne fit qu'aggraver cette situation; enfin, la loi du libre-échange, promulguée en 1860, en ouvrant toutes grandes les barrières qui entravaient encore l'envahissement du marché français aux fers étrangers, porta le dernier coup à cette industrie.

Pendant quelques années encore, comme de grands corps frappés d'anémie qui ne veulent pas périr, les forges de Normandie essayèrent énergiquement de lutter. Efforts inutiles : elles ne purent longtemps survivre et durent

(1) En 1820, Fournier, de Rugles, ayant vendu de l'écorce à un tanneur de Conches, n'a pu la livrer faute de charretiers, *vu la verse.*

à leur tour subir la loi du Progrès; et bientôt l'on vit successivement se fermer et s'éteindre les forges et hauts-fourneaux de Ferrières, Beyrouth, Randonnai, la Ferrière (où l'on fabriquait le fer dès avant 1085), Aube, Breteuil, Condé (forges romaines), l'Allier, la Poultière, Bourth, Conches, Trisay, la Bonneville et, enfin, la dernière, en 1872, la forge de Rugles.

Les derniers maîtres de forges, successeurs et héritiers du comte Roy et de Martin Duval, se nommaient : le duc d'Uzès, le marquis d'Albon, le marquis de Talhouët, et de Lariboisière, fondateur, à Paris, de l'hôpital qui porte son nom.

La forge de Rugles est aujourd'hui transformée en une fabrique d'épingles, d'agrafes, d'épingles à cheveux, etc.; elle est exploitée par M. Lucien Marquis.

Avec son dernier souffle, la dernière étincelle de ses lourds marteaux, dont les coups, par les nuits calmes et sereines, se répercutaient à deux lieues à la ronde et rappelaient aux populations endormies que, là-bas, les rustiques forgerons veillaient, a disparu de la Normandie l'industrie vingt fois séculaire du fer.

---

# CHAPITRE II

## FONDATION DE L'ÉCOLE DES FILLES ET DE L'HOSPICE DE RUGLES

## LE MOULIN ROGER

Nous avons dit plus haut que la famille Duplessis-Chatillon avait doté notre pays d'institutions humanitaires. Si nous ne pouvons classer dans cette catégorie l'érection du château actuel, ou du moins de celui qu'il a remplacé, entreprise vers 1688 par le comte Pierre, il n'en est pas de même de la fondation faite en 1717 par la veuve de ce dernier.

Le 9 août de cette même année 1717, par devant les notaires d'Evreux, Anne de Goué, comtesse Pierre Duplessis-Chatillon, couronnait l'œuvre du marquis André en léguant à la commune une maison située rue du Fourneau, sur l'emplacement même occupé par l'école actuelle, et dans laquelle deux sœurs de la Providence de Séez seraient appelées à donner gratuitement l'instruction aux jeunes filles.

De plus, selon le vœu de la testatrice, ces mêmes sœurs avaient encore pour mission de *visiter*, *soigner*, *saigner*, *panser*, *purger*, *médicamenter*, *donner des bouillons et soulager*, autant que possible, les malades infirmes des cinq paroisses de la seigneurie de Rugles, savoir : Notre-Dame, Saint-Germain, Herponcey, Sainte-Opportune et le Bois-Arnault. Cette maison fut érigée sous le nom de *Maison de Charité* ou *Hospice de Rugles.*

Par le même acte de 1717, et afin d'assurer l'existence de cette fondation, Anne de Goué léguait à la commune sa terre du Parc avec toutes ses dépendances. Cent livres des revenus de cette terre étaient affectées à l'entretien des sœurs et l'excédant devait servir à acheter des drogues *et à faire apprendre des métiers aux pauvres orphelines de père et de mère.*

Pendant la Révolution, la terre du Parc n'échappa point à la confiscation comme bien national. Le 23 messidor an III (12 août 1794), au district de Verneuil, elle fut aliénée pour la somme de 305,500 livres (en assignats) au citoyen Berthout, menuisier à Paris, mandataire du nommé Saint-Didier. Un nommé du Bosc, de Saint-Lô, soumissionna aussi pour acquérir la maison de charité.

Cependant la Convention avait entendu respecter les biens afférents au service des hospices et des écoles. S'autorisant de cette réserve, le corps municipal protesta contre la légalité de ces deux ventes, mais, après une instance qui dura plusieurs années, et grâce à la connivence d'un ministre du Directoire, la terre du Parc fut définitivement aliénée. Le sieur du Bosc fut débouté de son enchère.

Cette coïncidence de deux acquéreurs étrangers, l'un de Saint-Lô, l'autre de Paris, n'est-elle point un de ces nombreux exemples de l'agiotage éhonté auquel ces sortes de ventes donnèrent naissance? Il est notoire, en effet, que si, pour subvenir à l'entretien de ses armées, la nation trouva de ce côté de précieuses ressources, elle fut loin de s'y procurer celles qu'elle pouvait en attendre. Le plus souvent ces opérations ont servi à élever des fortunes scandaleuses aux mains de particuliers qui, par la suite, affectèrent autant d'arrogance envers le peuple qu'en avaient marqué les nobles auxquels ils succédaient. Cependant, la plupart de ces acquéreurs revendaient en détail les vastes domaines souvent incultes et propres seulement aux plaisirs de la chasse qui leur étaient échus, et la terre, ainsi morcelée, passait aux mains du paysan, du laboureur.

Le premier acte de ces derniers fut de détruire en masse le gibier de toutes sortes dont ils avaient eu si longtemps à souffrir ; puis, relevant le front et surs du lendemain, ils se mirent à l'œuvre et creusèrent avec ardeur et confiance le sillon des riches moissons de l'avenir.

On nous a raconté qu'au moment de la vente des meubles du château de Vaux, par Alexandre Daviel, huissier, le 12 juillet 1793, et appartenant à Adrien-Joseph d'Epinay-Saint-Luc, émigré, un inconnu, armé d'un fusil, s'est présenté et, sans autre cérémonie, il a tiré sur les pigeons du colombier seigneurial, en a tué plusieurs, les a mis dans son carnier et s'est retiré à la stupéfaction des assistants, pour qui cet acte d'audace était toute une révélation.

La Révolution était faite.

En 1806, MM. Desprez, Chevrier et Chambellan, administrateurs de l'hospice de Rugles, ayant appris qu'une loi, nouvellement promulguée, attribuait des compensations aux hospices et aux écoles dont le domaine avait été indûment aliéné pendant la Révolution, revendiquèrent à nouveau la terre du Parc comme ayant appartenu à l'hospice de Rugles.

Par décret impérial, rendu le 9 octobre 1807, et en remplacement tant de la ferme du Parc que de titres de rentes sur le Trésor, perdus pendant la Révolution (1),

(1) Ces titres consistaient en un contrat de 10,000 livres de créance 3 % sur l'Etat, passé à Paris, le 24 mars 1754, devant Dupont et Jacques-Louis Le Verrier, notaires au Châtelet, plus un

l'hospice de Rugles fut envoyé en possession définitive du moulin Roger, à Ambenay, et de ses dépendances.

*
* *

Vers la fin du douzième siècle, ce moulin, ainsi que le patronage de l'église d'Ambenay, relevaient du fief du Bailly. Dès cette époque, les moines de Lyre étaient en possession du manoir du Boshion que leur avait légué le comte de Breteuil, du village des Celles ou Ceaules qu'ils venaient de fonder, ainsi que de la plus grande partie des terres formant le plateau de la rive droite, mais ils n'avaient pas de moulin où ils pussent contraindre leurs vassaux d'en suivre la banalité; ils achetèrent donc de Robert du Boulay, seigneur de Bailly, moyennant quatre livres angevines, le moulin Roger. Herbert de Messey, dont une partie des hommes étaient baniers de ce moulin, confirma cette vente et donna, de son côté, deux acres de pré aux Grandes-Transières. Il reçut des moines un cheval et cent sous angevins (1).

autre contrat de rentes cédées aux pauvres des cinq paroisses, le 20 décembre 1765, par devant le notaire du Châtelet, maître Giraux. Le dernier comte étant mort en 1764, il est probable que ce dernier legs a été fait en sa mémoire.

(1) Ces deux chartes, sans date, furent confirmées par Garin, évêque d'Evreux, mort en 1201 (Lebeurier).

En 1226, le successeur de Robert, François du Bailly ou du Boulay, fit don à ces mêmes religieux du patronage de l'église d'Ambênay, ce qui acheva de concentrer dans leurs mains les droits honorifiques et féodaux de la seigneurie de cette paroisse dont ils furent alors les vrais seigneurs.

De graves difficultés étant survenues en 1264 entre les moines de Lyre et leurs hommes des Ceaules et du Boshion à propos de la sujétion de ces derniers comme baniers du moulin Roger, elles furent tranchées par une transaction aux assises de Breteuil (1).

Les malheureux vassaux durent reconnaître qu'ils étaient tenus de moudre tout leur blé au moulin Roger, de payer les droits de mouture entiers et toutes les fêtes de moulin; ils s'obligèrent, de plus, à ne pas laisser leurs terres incultes.

Il arrivait donc, hélas! que, découragés par les redevances sans nombre qui les accablaient, les hommes des Ceaules et du Boshion n'avaient d'autre alternative pour y échapper, que de renoncer à cultiver leurs terres. L'on n'était pas encore bien éloigné de l'esclavage, et si le servage qui le remplaçait apportait, au point de vue moral, une amélioration sensible dans le sort du peuple,

(1) L'esprit communal était donc déjà assez développé pour que les serfs s'entendissent entre eux et plaidassent contre leurs seigneurs? Premières tentatives d'affranchissement.

il ne lui procurait cependant encore qu'une existence des plus misérables. On s'en fera une idée quand on saura que ces fêtes de moulin qui, dérision amère, nous paraissent, à première vue, avoir été des jours de réjouissance, n'étaient pour nos ancêtres que des jours d'échéances, apportant avec eux la ruine et le désespoir.

En effet, les fêtes de moulin consistaient en une redevance que l'on payait au seigneur aux fêtes de Pâques, de la Pentecôte et de Noël; ainsi les baniers du moulin Alis ou des Bottereaux payaient deux boisseaux de blé à chaque fête, mais ils pouvaient moudre seize boisseaux de blé sans rien payer quinze jours avant ou après chacune des fêtes (1).

Par égard pour la pauvreté de ses vassaux du Boshion et des Ceaules, l'abbaye les exempta de réparer les écluses et aussi d'apporter les meules; toutefois, cette dernière clause ne fut consentie qu'à la condition qu'ils paieraient cinq sous en commun toutes les fois qu'il faudrait de nouvelles meules. Les fêtes de moulin furent réduites à deux, Noël et Pâques, et même ceux qui possédaient moins d'une acre de terre en furent entièrement déchargés.

Pendant les trois siècles qui suivirent, les moines jouirent en paix de leur moulin Roger, mais le XVI$^{e}$ siècle

(1) Décret des Bottereaux 1652 (Lebeurier).

ayant vu se précipiter la décadence de l'abbaye, celle-ci fieffa presque tous ses biens d'Ambenay. En 1569, nous la voyons aliéner son moulin Roger avec tous ses droits de banalité, quatre acres de pré à Transières et des rentes à Chambord, au profit de Jacques Jouey, avocat, sieur du Boesle et autres lieux.

C'était l'une des sources les plus importantes de son revenu, et cependant ce sacrifice n'était pas le dernier qu'elle dût s'imposer. En effet, au mois de mai 1576 (un cardinal d'Est était alors abbé commendataire de Lyre), n'ayant pu satisfaire à ses redevances, les commissaires délégués par le roi vendirent la seigneurie même d'Ambenay à un autre avocat, Esmont Baudot, au prix de 750 livres.

Un de Baudot, du Buisson-Ambenay, où existe encore une maison qui peut remonter à cette époque, devint historiographe du roi, intendant des peintures, devises, inscriptions et décorations des bâtiments royaux de France, gentilhomme ordinaire de la Chambre et maître d'hôtel ordinaire du roi Louis XIV; il correspondait avec presque tous les savants de son temps; il a laissé vingt-deux ouvrages inédits qui sont conservés à la Bibliothèque nationale, où les a consultés M. Lemarechal, de Juignettes; il était sieur du Buisson-Morel.

Cette famille s'efforça d'augmenter l'importance de sa seigneurie. Le 25 septembre 1605, nous voyons Cyprien Baudot, devenu seigneur d'Ambenay par la mort de son père, retirer par clameur féodale le moulin Roger des mains de Gilles d'Epinay, avocat, lequel l'avait acheté de Jacques Jouey. Plusieurs habitants de cette paroisse, s'étant refusés d'en suivre la banalité, furent aussitôt poursuivis juridiquement et condamnés.

Le 4 février 1638, François de Baudot, fils de Cyprien, obtint de la vicomté de Breteuil au siége de Lyre une sentence qui l'autorisait à faire un nouveau chemin avec digues et ponts au travers de la prairie. Ce chemin de Roger, comme on l'appelle encore, ne sert plus que pour tirer les foins; il traversait la rivière à gué en aval du moulin pour sortir à l'abreuvoir par le canal de la roue. Le passage à pied et à cheval, encore en usage, s'effectuait par la cour du moulin sur des passerelles attenant aux vannes.

Au nombre des priviléges dont jouissaient alors les abbayes, il en était un qui leur donnait la faculté de pouvoir rentrer dans les biens qui leur avaient été aliénés pour le service du roi. Ce fut donc en vertu de ce privilége, et bien que quatre-vingt-cinq ans se fussent écoulés, que les religieux sollicitèrent et obtinrent du conseil du roi de rentrer dans leur seigneurie d'Ambenay, le 31 octobre 1661. Une sentence arbitrale fixa à 2,273 livres 13 sous la somme qu'ils devaient payer de ce chef à M. d'Ambenay.

Le moulin Roger fut compris dans l'acte de remise; il resta dans les mains de l'abbaye jusqu'à la Révolution.

Il fut alors confisqué comme bien national; mais il ne fut point aliéné, ce qui permit au gouvernement impérial de le donner à l'hospice de Rugles en compensation de la ferme du Parc, ainsi que nous l'avons vu par le décret de 1807.

Ce moulin conserva sa destination primitive jusque vers 1840. Il fut alors transformé en une tréfilerie de fil de fer, où il est encore en pleine activité aux mains de M. Lucien Marquis. Un nommé Fremont en fut le dernier meunier. Ses revenus s'élevaient à 1,200 francs; jusqu'en 1833, ils furent employés selon le vœu de la testatrice; mais le 21 octobre de cette même année, par devant M. Toutenel, notaire, les administrateurs de la maison de charité ou bureau de bienfaisance, alors MM. Maillard l'aîné, maire et président; Philémon Fouquet junior, Baraguay-Fouquet, Chevrier-Parfait, Toutenel, notaire (1); Gosse, curé de Rugles, vendirent d'un

(1) La veuve de M. Toutenel avait légué à la cure de Rugles, pour fonder un hospice, sa propriété de la Chesnotière, plus une somme de 50,000 francs; mais, dans cet intervalle, le Conseil d'Etat ayant interprété la loi dans le sens qu'il était interdit aux cures d'hériter, le testament olographe de Mme Toutenel fut annulé. D'autres legs ont été faits à la commune : en 1855, 2,000 francs par Philémon Fouquet, député au Corps législatif, en mémoire de son père; en 1868, 1,200 francs par Adrien de Courval, en mémoire de son père, ancien conseiller général: en 1868, par M. et Mme Collas de Gournay, le terrain et la maison servant de salle d'asile (M. et Mme Collas donnèrent à cette belle et utile fondation le nom d'*Asile Sainte-Magdeleine*, en mémoire de leur mère, Mme Uranie-Magdeleine

commun accord, à l'exception, toutefois, du curé Gosse, qui protesta, le moulin Roger à MM. Roy et Martin Duval, maîtres de forges, moyennant la somme de 34,300 francs dont, en vertu du legs de 1717, une part revenait à la commune de Bois-Arnault.

Ainsi a pris fin par l'extinction de ses ressources une institution qui, nous le répétons, fait le plus grand honneur aux sentiments de sa fondatrice. Pendant les cent cinquante années qu'elle a fonctionné, la population laborieuse de Rugles y a trouvé des soins gratuits, précieux et intelligents. Cependant, ces secours ne cessèrent pas

Collas, née Lemaréchal) ; par M. Bardout, 50 francs de rentes; par Edgard Louvet de Messey, 10,000 francs pour les pauvres (ce legs n'a pu être recouvré par suite de la vente à non-valeur du domaine de Messey) ; par Victor Graverand, 20,000 francs pour l'érection d'un hospice; par M$^{me}$ Meslier, 2,000 francs, en mémoire de son mari, et par M$^{lle}$ Leguet, 1,500 francs. Nous ne clorons pas cette liste des bienfaiteurs de notre cité sans y faire figurer le nom de l'homme de cœur qui, pendant quarante-cinq années, fut à Rugles le médecin des pauvres, M. le docteur Forcinal.

Le bon vieux curé Gosse et le regretté docteur Forcinal eurent tous deux cette rare bonne fortune de réunir sur leurs personnes l'unanimité des sympathies de leurs concitoyens. Ceux-ci les ont affirmées en élevant, au premier, le mausolée qui renferme sa dépouille et occupe le rond-point du cimetière, et en donnant le nom du second à la rue où il habita.

Quoique d'opinions différentes, MM. Gosse et Forcinal ne s'unirent pas moins dans la pratique des belles vertus qui furent la règle de toute leur vie : la générosité et le désintéressement. Leurs monuments sont dignes du respect des générations qui nous survivront ; ils restent pour tous un exemple et un enseignement.

tout d'un coup : il n'y a pas bien longtemps encore qu'une sœur était spécialement affectée aux soins à donner aux malades; beaucoup de nos concitoyens ont gardé un excellent souvenir de la sœur Mellé, laquelle disposait d'une petite pharmacie et s'était acquis une certaine renommée par son habileté à manier la lancette et le bistouri; enfin, la sœur Heudié, morte le 23 juillet 1882, continua la tradition. Elle fut la dernière exécutrice de cette partie du legs de Mme la comtesse Anne Duplessis-Chatillon.

---

# CHAPITRE III

## SÉPULTURE DES DERNIERS SEIGNEURS

## ÉPISODE RÉVOLUTIONNAIRE — ARMOIRIES DE LA VILLE

Le caveau qui sert de sépulture aux derniers seigneurs de Rugles est situé sous le chœur de l'église Saint-Germain ; il a été construit par le comte César-Antoine II qui, avec la dépouille de sa mère, morte à Rugles le 6 décembre 1732, y a rassemblé celles de ses ancêtres.

Le 3 avril 1888, nous avons pu visiter cette sépulture, après avoir, toutefois, avec le concours d'un grand nombre de nos concitoyens, épuisé l'eau qui la remplissait sur une hauteur de 1 mètre 25 centimètres.

Cette eau provenait assurément de la grande inondation qui eut lieu à Rugles le 28 janvier 1881. De mémoire de vieillards, nul ne se souvenait d'en avoir vu une semblable; on se fera une idée de son importance quand on saura que, de sept heures du matin à six heures du soir, et de la rue du Cauche au grand pont, lequel était lui-même balayé par les vagues, la ville était couverte d'une nappe d'eau qui, dans les parties basses, atteignit jusqu'à 1 mètre 25 centimètres.

Ce caveau est en parfait état de conservation; il mesure 4 mètres 20 centimètres de long, 3 mètres 45 centimètres de large et 2 mètres 30 centimètres de haut. Un escalier de huit marches, en granit, y donne accès ; en y pénétrant, nous y avons remarqué les débris d'un cercueil en bois, deux tréteaux renversés, des fragments de barres de fer excédant les murs de quelques centimètres, quatre plaques commémoratives en cuivre, des ossements pêle-mêle et tout d'un tas parmi lesquels nous avons compté trois têtes ; ces dépouilles ont été réunies de nouveau dans un coffre en bois, sur lequel on a fixé les plaques commémoratives, et déposées au pied de l'écusson de famille.

Cinq plaques de marbre ornent ce caveau, deux d'entre elles représentent chacune une tête de mort entourée et couronnée de lauriers ; deux autres portent les inscriptions suivantes : *Expectantes beatam spem* et *In pace dormiant et requiescant;* la cinquième, véritable chef-d'œuvre de sculpture, fait face à l'escalier, elle représente l'écu armorial de la famille Duplessis-Chatillon, et porte la date de 1735.

Depuis que le mobilier de l'église a été renouvelé, la nef et le chœur exhaussés et pavés à neuf, aucun indice ne fait soupconner l'existence de cette sépulture. Jusqu'à la Révolution, l'orifice en était resté béant; il fut alors fermé de dalles par ordre du corps municipal, sous prétexte, dit le procès-verbal, « qu'il s'en exhale des mauvaises odeurs; » il se trouve sous la rosace du chœur et fait face au maître-autel.

Voici la traduction des plaques commémoratives (1) :

PREMIÈRE PLAQUE. — *Cœur d'André, marquis Duplessis-Chatillon, seigneur de Rugles, qui mourut à Paris le* 26 *août* 1668, *âgé de* 63 *ans.*

DEUXIÈME PLAQUE. — *Pierre, comte Duplessis-Chatillon, seigneur de Rugles, de Montguerée, qui mourut dans son château de Montguerée au mois de juillet* 1705*; il avait vécu* 50 *ans.*

TROISIÈME PLAQUE. — *César-Antoine, premier comte de ce domaine, Duplessis-Chatillon, seigneur de Rugles, à peine âgé de* 25 *ans, mourut à Paris le vendredi* 20 *décembre* 1713.

QUATRIÈME PLAQUE. — *Marie-Françoise Le Clerc, veuve du comte César-Antoine Duplessis-Chatillon, seigneur de Rugles depuis plusieurs années. Elle mourut dans cette petite ville le vendredi* 6 *décembre* 1732*; elle a vécu* 40 *ans.*

(1) Nous la devons à la bienveillance de M. l'abbé Sauvage, curé doyen de Rugles.

L'inscription de la troisième plaque est en contradiction avec M. Leprevost, lequel attribue l'érection du domaine de Rugles en comté, et cela, dit-il, malgré la vive opposition du duc de Bouillon, à César-Antoine, deuxième du nom ; ce dernier avait seulement 13 ans, en 1722, lorsqu'il fut parrain de la grosse cloche de Rugles avec Gabrielle de Raveton, et, sur cette cloche, il est qualifié de comte de Rugles. Il est bien difficile d'admettre qu'à cet âge, il ait pu contrebalancer la haute influence du duc de Bouillon ; ce serait donc à César-Antoine Ier qu'il nous faudrait attribuer l'érection du domaine de Rugles en comté; à moins, toutefois, que Marie-Françoise Le Clerc, veuve de ce dernier, n'ait prématurément attribué à son fils, César-Antoine II, le titre de comte qu'évoque la grosse cloche, et que celui-ci qui, paraît-il, était très-excentrique, n'ait lui-même attribué à son père le titre posthume de premier comte de Rugles que porte la plaque du caveau.

Etant donnée la haute autorité de M. Leprevost, cette hypothèse ne nous paraît pas invraisemblable.

Le comte César-Antoine II passa une grande partie de sa vie à Rugles, où il mourut le 29 mars 1764, âgé de 55 ans. Bien qu'il y eût rassemblé les restes des membres de sa famille, il n'y fut pas lui-même inhumé ; il légua seulement son cœur à l'église Saint-Germain, lequel fut mis dans une urne et déposé dans une niche à gauche du maître-autel; il a disparu pendant la Révolution.

Son testament, assez volumineux, est écrit tout entier

de sa main; il est daté du 12 décembre 1763 et se trouve au notariat de Rugles. Gabriel-Félix Le Forestier, vicomte de Lyre, son sénéchal, fut l'un de ses exécuteurs testamentaires. Il fit des dons à tous ses serviteurs et combla l'église Saint-Germain de ses munificences, entre autres choses un tableau représentant la résurrection de Lazare, dû au pinceau de Carl Vanloo. Ce tableau aurait été acquis pendant la Révolution, nous ne savons par quel moyen, par les fabriciens de l'église de la Madeleine, à Verneuil, où l'on peut encore le voir.

Par deux fois déjà, le caveau avait été visité, la dernière en 1849, le 16 mars : l'on n'y trouva plus que des ossements épars et un squelette intact. La première fois remonte aux heures sombres et de suprême énergie de l'époque révolutionnaire; harcelée de toutes parts par les monarchies liguées contre elle, la Convention avait ordonné aux municipalités d'emprunter aux tombeaux et aux églises de leur ressort le plomb et les métaux qui lui faisaient alors défaut pour la défense de la Patrie.

En exécution de ce décret, le 1er floréal an II (20 avril 1793), les citoyens composant alors le corps municipal de Rugles, Claude-François Lefournier, maire (1); Bouvier, procureur de la commune; Ferdinand Buisson, François Chaussois, curé constitutionnel; Louis Verdet,

(1) Six jours après, le 7 floréal, Lefournier était nommé membre du comité de district, à Verneuil; Baptiste Fouquet le remplaça comme maire de Rugles.

Jean-Jacques Nicunet, officiers municipaux, firent procéder à l'exhumation des anciens seigneurs, dont ils abandonnèrent la dépouille sur les dalles de leur sépulture et envoyèrent au district, pour y être converti en projectiles, le plomb de leurs cercueils.

Funeste destinée des grandeurs, terribles conséquences des temps révolutionnaires : la balle du sans-culotte, défendant ses foyers, qui allait frapper, dans les rangs de l'armée de Condé, le gentilhomme fidèle à son roi et combattant contre sa patrie, pouvait, comme on le voit, provenir du cercueil même de l'auteur de ses jours !

On retira du caveau 429 livres de plomb, 757 livres de fer, auxquelles on ajouta les métaux appartenant à la fabrique, tels que : le fer, le plomb, 30 livres d'étain provenant des plats et burettes servant aux saintes huiles, 314 livres de cuivrerie provenant de huit croix, huit plats, quatre encensoirs, quatre navettes, deux christs, etc., etc.; enfin, 6 livres 8 onces d'argenterie, produit de deux calices et leurs patènes; un ciboire, une custode, un soleil et la garniture de la baleine du bedeau : ce qui produisit un poids total de 3,242 livres que transportèrent au comité de district, à Verneuil, les citoyens Dujardin et Verdet, officiers municipaux.

⁂

En 1791, une demande fut introduite auprès du garde des sceaux, par le corps municipal, pour que la ville de Rugles fût autorisée à prendre des armoiries. Nous n'avons pu savoir quel genre de blason l'on souhaitait alors, car, cette demande n'ayant pas reçu de solution immédiate, et les signes symboliques de la féodalité ayant été rigoureusement proscrits quelque temps après, il n'y fut pas donné suite.

Ce ne fut donc que bien plus tard, quand on restaura la mairie, vers 1855, croyons-nous, que le maire alors en fonctions dota la ville des armoiries que nous lui voyons encore, comme figurant l'écu armorial des Duplessis-Chatillon. Puisque l'on désirait décorer la ville d'un emblème nobiliaire, nous reconnaissons volontiers, ne fût-ce qu'à titre de gratitude, que le blason des comtes de Rugles, sauf la couronne qui, du reste, a été judicieusement remplacée par une couronne murale, en mémoire de ce que Rugles fut jadis une place de guerre, était le choix le meilleur que l'on puisse faire; mais encore, avant de s'y arrêter, devait-on, si l'on ne voulait préalablement obtenir la lettre-patente ou le décret exigible en pareil cas et toujours onéreux, s'entourer de documents précis, soumettre ce choix ainsi que les motifs l'ayant déterminé à l'approbation du conseil et consigner le tout dans un procès-verbal.

Rien de cela n'a été fait : l'on chercherait en vain aux archives l'étymologie de nos armoiries, et, de plus, celles-ci ont le grave inconvénient de n'être pas conformes à l'écu armorial qu'elles sont censé représenter.

Sans doute, les conséquences de cette erreur sont bien peu graves en elles-mêmes; cependant, pour quiconque a le respect du vrai, elles sont passibles de justes critiques.

Or, avant que le caveau de l'église ait disparu sous les mosaïques du chœur et grâce au concours empressé de M. Jules Lemaréchal, artiste dessinateur, nous avons pu obtenir le dessin absolument identique du blason des comtes de Rugles, ce qui, en d'autres temps, eût permis de faire rectifier les armoiries de la ville.

A cet effet, et considérant aussi qu'une cité s'honore en affirmant hautement sa gratitude envers la mémoire de ses bienfaiteurs, une proposition fut émise au sein du Conseil (séance du 22 juin 1888) d'adopter pour armes officielles de Rugles l'écu armorial des Duplessis-Chatillon, tel qu'il est figuré sur le marbre de leur caveau et gracieusement reproduit par M. Lemaréchal (1).

L'auteur de cette proposition, pourtant bien simple, bien naturelle, aurait préalablement dû se pénétrer de l'idée qu'en notre temps, aussi bien qu'en celui de Molière,

Toutes vérités sont sottises
Partant d'un homme sans éclat.
Ce seraient des choses exquises
Si c'était un grand qui parlât.

(1) Sauf la couronne, voir l'écusson reproduit au 15e en tête de l'ouvrage.

Il aurait dû être également convaincu qu'entre ces grands seigneurs du siècle de Louis XIV, dont le génie moqueur de notre grand poète comique dépeint si bien les hautes turpitudes dans un éclat de rire, et les bourgeois notables du Conseil municipal de Rugles, la distance n'est pas aussi éloignée qu'on pourrait le supposer.

Quoiqu'il en soit, ceux-ci répondirent à cette proposition en adoptant *bravement* la proposition contraire de conserver pour blason officiel l'écu armorial figuré sur les lettres de l'administration municipale, c'est-à-dire *faux*.

Cette plaisante détermination empruntait pourtant quelque gravité, en ce sens que les armoiries allaient être bientôt reproduites au frontispice de l'école des garçons, et recevoir, de ce fait, la haute consécration du talent d'un sculpteur de mérite, M. Décorchemont.

Celui-ci, toutefois, ayant été initié, et peu soucieux d'apposer son nom au bas d'une œuvre sans caractère, voulut bien donner le temps de lui apporter, officieusement bien entendu, des renseignements précis et autorisés.

La lettre suivante tranche définitivement cette question :

« Evreux, le 18 octobre 1888.

« Monsieur,

« J'ai reçu la lettre que vous m'avez fait l'honneur

de m'écrire, ainsi que le beau dessin qui est la reproduction identique du blason des comtes de Rugles de la maison des Duplessis-Chatillon.

« Comment se fait-il que la ville de Rugles ayant adopté les armes d'un de ses seigneurs pour les faire graver en tête de ses lettres en ait changé les émaux, sinon les figures ? Car si elle a entendu prendre l'écusson des Duplessis-Chatillon, il devait être représenté dans toutes ses parties et comme les héraldistes le blasonnent, c'est-à-dire *d'argent à trois quintefeuilles de gueules.* (Voir le *Dictionnaire héraldique* donné à la suite des *Tablettes historiques et généalogiques* de Chazot de Nantigny, t. VI.)

« Ce qui a fait mon erreur et celle des auteurs du *Dictionnaire historique de l'Eure* (voir l'écusson représenté à l'article *Rugles)*, c'est que, moi et les auteurs cités, nous nous en étions rapportés à l'écusson qui figure en tête des lettres de l'administration municipale de Rugles, le croyant reproduit d'après des documents certains.

« Pour conclure et mettre notre habile sculpteur à même de faire une œuvre hors de toute critique, la ville, selon moi, n'a rien de mieux à faire que de reproduire le blason des Duplessis-Chatillon tel qu'il est figuré sur le tombeau des seigneurs de cette famille et admirablement fait par M. Lemarechal.

« *Signé :* Alph. CHASSANT,

« Conservateur du Musée d'Evreux. »

Bien que nos administrateurs aient eu connaissance de ce document, ils n'en ont pas moins persévéré dans leur *héroïque* résolution ; malgré cela, le sculpteur, lui, s'en est inspiré, et, dans son travail, il a rétabli le caractère initial des armoiries de la ville de Rugles.

La première condition de l'histoire étant la vérité, cela devait être constaté.

ÉVREUX, E. QUETTIER, IMPRIMEUR, 37, RUE CHARTRAINE

www.ingramcontent.com/pod-product-compliance
Lightning Source LLC
LaVergne TN
LVHW010043230826
846091LV00005B/1844
* 9 7 8 2 0 1 2 8 7 4 9 7 8 *